AF607045
AVERSO

CORROSIÓN

Carmen Conde

Número 49 de la Colección **AVERSO POESÍA**

Corrosión

Edición al cuidado de Averso Poesía
www.aversopoesia.com

hola@aversopoesia.com

Primera edición: mayo de 2025
ISBN: 978-84-129987-9-5
Depósito Legal: GR 631-2025

Impreso en España - *Printed in Spain*

El papel utilizado para la impresión de este libro está calificado como papel ecológico y procede de bosques gestionados de manera sostenible.

CORROSIÓN

Carmen Conde

I

PRÓLOGO
(1961-64)

I

PRÓLOGO
(1961-64)

ABRIENDO LA VENTANA, desgajándola
de noble luz maciza inexplorada,
el muchacho irrumpió con su presente:
traía entre sus manos dos palomos,
blanquísimos palomos de ojos vivos;
dos suaves y breves, dos celestes y blandos,
dos palomos de un cielo inesperado.
¡Oh redondos sus ojos rojizos,
sus miradas volcándose a la ofrenda!

—Reposaban tranquilos ya en mi mano
recobrada con paz su única tierra.
No temían de mí, sabían todo
y latían seguros, confiando.
Dulcemente, temblando de ternura
yo curvé mis caricias a sus plumas...—.

El muchacho llegaba de muy lejos,
del trasmundo venía con palomos.
¡Qué divina pareja silenciosa,
qué emoción su contacto; qué imposible
el abrir a palabras su no vuelo,
la suave y la quieta entrega blanca!

Ojos puros y sabios contemplándose
en los míos, llamados al misterio.
Dos palomos pequeños, reclinados
en mi mano ahuecada como madre.
Dos palomos de luz..., ¿o quiénes eran
los que trajo el muchacho aquella noche
que en mi alma fue día iluminante...?

14-11-1961

Canto a la vida

Ah, que eres hermosa y que entre los dientes crujes
igual que las ciruelas todavía no en sazón.
A heno mordido hueles por los toros de junio,
sabes a sal del mar en la boca del hombre.

Ah, que eres tan dura como son los basaltos
y las uñas te arrancan de la piel sangre fresca,
porque te dejas tierna si nos sientes rajarte
y toda tu dureza se nos funde en las manos.

Ah, que tienes garra de pantera encelada;
la castidad del lirio al arrimo del río,
porque tu cuerpo es grande y a la vez es tan mínimo
que si en los labios cabes los brazos te rebosan.

Cuánto de hermosa llevas, cuánto pesa tu cuerpo
de hermosura sin fin; cómo fulges hermosa.
Cómo sabes de amarga y de dulce y de ácida;
cuántos zumos de ti en tu sola hermosura.

Me duelen las palabras que amontona mi lengua
sin tiempo a libertarlas en un cántico ebrio
para que diga, ardiéndote, el amor que me puebla
la vida entera tuya, la que te vivo y clamo.

Pues aunque no me calle, ni siquiera en la muerte,
no te podré gritar lo que te estoy queriendo.
Y, sin embargo, dueles; me has hendido los senos
y mi corazón te mana en un chorro de plomo.
Cercada de tus noches o desnuda de lunas,

constelándote ríos, peraltándote mares,
aulagas y azucenas, retamas de planetas,
con el tomillo negro del silencio creciéndote,

para abarcarte íntegra; oleadas de siglos
palpitando en criaturas quisieron estrujarte.
Y es tan breve el estar a tu costado áspero
de romeros en flor y despiertas ortigas.

Si enajenando gozos yo me ahogo en el duelo
que tantos días clava mi corazón, tu almendra,
estalla tu canción de abrasadores astros
metidos en los cuerpos adolescentes lúcidos.

Oh, llorarte y temer que en el llanto se hundan
potestades del bien, teologales consignas,
y verte luego abrir en inocentes rosas
para que yo las sorba insaciable y sedienta.

De las noches te arranco, de los días te libro,
con mis remotas luchas no compongo el futuro.
Te estoy amando así, pecho a pecho en un rapto,
con los ojos en Dios mientras quemamos juntas.

Yo sé que no te vas; aunque implacable irte
se empeña en enfriarme este largo arrebato...
Yo sé que duraremos de otra carne, otro mundo,
que eternidad es lo nuestro, lo que nos trajo y lleva.

Ah, mi hermosa y mi cálida, vida mía y del mundo;
avasallantes potros, galopantes leones,
aves de vuelo estático, repicar de gargantas
entre la fronda grácil de pardos ruiseñores.

Toros y peces, huertos, jardines, campanarios,
lágrimas del dolor y del amor el llanto.
Sol de Castilla en julio, sol de enero en la mar
de mi costa nutrida por lo primero y único.

Te quiero inagotable. Te quiero porque sufro.
Te quiero porque diste la forma a mi alegría.
Oh la gloria de ti, oh la luz densa tuya
bañándome la voz para nacerte absorta.

Puedes perderme ya, dejarme entre las piedras;
anegarme en olvidos; desintegrarme en ecos.
Lo que yo te he cantado, el amor que te doy,
esto ni con la muerte lo borrarás, tú, Vida.

18-7-62

ADOLESCENTE TÚ, muchacho:
¡el que reluce mojado por el agua del mar!
Es a ti a quien hablo en amoroso silencio,
a quien dirijo mi cántico;
el que admiro. Muchacho intacto de vida,
radiante y luminoso.
Porque tu vida recién estrenada y ávida
del mundo, me atrae para contemplarla.
He sido tan joven como nadie jamás lo fuera
y me duele dejar la tierra. Lo sigo siendo en ti
sin volver a serlo.
¡Vive, ríe, corre, salta, ama y delira,
que así proteges mi gloria de divinidad!

No canto a las muchachas ni a los niños,
solamente a ti. Porque a ti no te tuve nunca
y tu adolescencia me la debe Dios.
Te amo, me enamoras como un astro o un río,
pura y limpiamente e inagotable amor.

Pasaría mis días mirándote, cantando a tu alegría,
y acercaría a tu cuerpo de oro
todo el trigo y el heno oloroso
para que fueran plinto de tu verdor crujiente.
¡Cuán ajeno y distante sonríes a tu savia,
te derramas a enajenados contactos
que no colman tu ímpetu!
Yo sé, yo podría, yo sería tu continente preciso;
pero te exclamo, te sueño, nunca tuve riqueza como la tuya
y te veo a distancia.
¡A la distancia de una realidad que no alcancé en mi vida...!
Hermoso y flexible animalillo habitado
por un alma intonsa, por una lumbre incipiente.

Cierro los ojos y te meto en mi pecho,
sobre el que tampoco puedo esperar siquiera
que ponga sus rosas
una delicada despedida sin nombre.

Brocal, 25-7-1964 (Navacerrada)

II

DIGO PALABRAS PORQUE LA MUERTE ES MUDA

(1969)

Pongo las manos donde las ponías tú
por si arañaran algún rescoldo que no se hubiera apagado
y pudiera incorporármelo al mío tenaz de ti.

Deslizo los dedos por la mesa, los papeles, las carpetas
y sonrío, aprendo a hacerlo ahora que te busco,
a tu desorden tan vituperado por mi orden
cronológicamente horrendo y doloroso.

Las huellas no persisten. Una quisiera hallarlas
cicatrizándoles cuanto quedó fijo.
Miro las paredes que tanto mirabas tú sufriéndolas,
y no recupero tu mirada.

Por fuera no te encuentro. Feroz asedio vano.
Es dentro de mí, célula por célula,
dándome la vuelta al cuerpo esta ronca sangre
que ya no tiene buen soporte,
como me aboco a ti.

Pero sigo acariciando los brazos de tu sillón mío ahora
en el que te morías gota a gota ante mi angustia
infinitamente volcada.

Perduro quieta, arregazándome en tu vacío
porque, a ojos cerrados, te tengo en mí.

13-12-1969

COMO TUVE TANTÍSIMAS PALABRAS tuyas siempre
—tibias y tiernas, aves recientes;
y duras y frías o azotadoras como látigos agudos;
y dolorosísimas, entrecerradas, agónicas, sangrándonos
entrañas...—,
esperaba recuperar algunas en horas de hambre
para seguir oyéndote despacio, sola total en mí,
y poder contestarte a todas inaudiblemente,
sin acicates disparatados.

Tenso el tan mortal oído inútil.
Fuera de mí la voz, que retengo dentro tuya, no suena.
Corroe la distancia sonidos humanos y humano tampoco
ahora eres tú.

Mas no es un fallo ni una trampa ni una deserción.
Porque no necesito lo que va o no va a venir de allá.
Ni de acá ni de ningún otro mundo que señales certeras
no ofrece.
Te oigo. Hablaste donde hablaste hondo: en mí.

Estoy sola y te escucharé mientras quede en mi sangre
un solo movimiento, cada vez más lento y más mínimo,
porque a eso llama tu voz...
Como tampoco me oyes tú, quieres
que te conteste de más cerca.

14-12-69

En todas las mesas del mundo, redondas, cuadradas, ovales,
en inmensos paralelogramos,
millares de hombres escriben sus notas de paz y de guerra,
furibundos o tristemente dejándose engañar sin esperanza.
Pero yo no te tengo conmigo ya.

No queda un rincón de la tierra que no profanen el
crimen y el sabotaje estéril,
ni un solo laboratorio repleto de indefensos animales de
ensayo
sacrificados por la ciencia para salvar vidas en podre
mientras las guerras matan a los muchachos.
Y yo no te tengo conmigo ya.

Las palabras barbotan regueros de amenazas sucias y
viles y amarillas de asco,
amenazando amenazantes amenazadoras, porque
amenazar es su sola amenaza.
Y hay micrófonos que las recogen propagándolas en
serie de metal resonancia.
Y tú no estás conmigo ya.

Hablan tus amigos de acá y de allá como si vivieras y no
contaran con que vives,
pero teniendo presente aquello por lo que luchabas
como un héroe
que no condecoraron porque no sabían que lo eras
sobre ti mismo
y que por eso valías más, por tu desesperación sin
tregua.
Y nunca estás conmigo ya.

Tu hermana va y viene aturdiéndose para no reconocerse
sola de ti, el más querido hermano suyo,
y yo la veo como un pájaro que se emplumó de blanco y
ríe como si fuera blanco
y no supiera haber llorado tanto por ti y contigo, aunque ría.
Pero tú no estás conmigo ya.

Yo todavía estoy aquí no sé cómo ni por qué, pues no
habrás olvidado
lo que te dije al empezar *Brocal,* al empezar a querernos,
y pienso en la distancia y en la muerte y en la vida que se
nos quedó entera
porque no estás conmigo tú.

Sí, sí; todo en el mundo estalla o ruje para estallar hambriento
porque el pedazo de pan y la tajada de la justicia no caen
maduros
por convicción humana, y hay que clavar la pólvora en el
odio.
No lo olvidaré nunca. Lo supimos juntos tú y yo.
Pero hoy, ahora, yo estoy sola y sin ti.

15-12-69

Lento, muy lento, muy callado, con los ojos dulcísimos
húmedos,
deslizándose casi aéreo por un pisar inaudible deslizadizo,
se acerca hasta rozar los ojos con su mirada amontonándolo
todo
y se para.
Lo estaba viendo venir desde la eternidad revuelta,
con precisión indiferente, continuando la vida que se fue
y avanzando en la que ninguno convocó ni quiere porque
aborrecemos la muerte.
Y ya está aquí. Parado. Puede que se tienda
o que mueva una gran cola de humo neblinoso.
Estará horas y horas recordándolo todo sin ladrar ni abrir
las fauces
en un respiro de sombras frías. Mirándonos los dos.
¿Te acuerdas? Me revientan risas de color de espalda
mojada por los golpes aquellos de las lilas con charquitos
en los tallos,
y él levanta otras charcas donde arden pequeños insectos
que vociferan veranos roncos de sensualidad de costa intacta,
atrozmente callado.

No; si no es un perro: si soy yo la que me veo desde fuera
royendo las muñecas sin pulso regular, atropellando
la fatigante monócrona tarea del nunca dejado de oír
corazón aquel.
Tampoco voy a ser yo, porque yo no me salgo de mí para
mirarme,
pues que me veo alrededor de mi cráneo, ranita cóncava,
subiéndome a mi propia cabellera, ayer de mar y hoy de
ceniza.

Lo que constato es que no se va y no quiero que se vaya
tampoco.
Quiero remontar el tiempo hasta que se destiempe este
dolor que tengo
y que el perrazo tierno oferente de quietud tumultuante
viene a traerme entre sus patas de humo.

¡Ah, que no se pueden comunicar los tristes
con un larguísimo mirarse a los ojos a medio deshojar de
ayeres,
mientras alguien se mueve en un espacio que no lo es
todavía,
pero que se insinúa con amortiguada perduración!

¿Gritar, correr, hundir los puños en tanta abrasadora
ausencia
que soy yo, yo y solo yo, que siempre fui yo loca de ansia,
y me miro en este hermoso pedazo de bestia tierna,
fundente delicuescida inamovible sin palabras ni suspiros,
en acecho de lo no, de lo no ya eternísimamente...?

16-12-69

FLANQUEÁNDOTE, PRECEDIÉNDOTE desde todas las crujías
para adelantarte, poder ofrecerte asilo, rompiente
si se te desbarata la ola temida, el maremoto
que te podría arrancar de las raíces, que, sin saberlo
nosotros mismos,
eran yo con mis arranques flamígeros de vida
extendiéndolos ante ti para que quisieras destrozarlos
y triunfar.
Pervivirme. Permanecérteme.

Y en un minuto de flaqueza derrumbante,
en una asfixia
—protegido tú por mí en otro que creía más fuerte y
experto para salvarte—,
de sueño exhaustivador, por demorado en ahogos,
te me fuiste, te anegaste en una orilla inesperadísima,
dejándome inútil de ti para la eternidad.

16-12-69

Entre la espesa vegetación oscura,
asomando el incendio voraz de su cabeza intranquila,
una cierva.
Ignoro por qué la veo sin descanso:
siglos de horas en que permanezco quieta, muda,
enlutada en mi vigilante ausencia.

Obsesiva cabeza deslumbradiza,
cierva roja flamínea, a llamareantes y rítmicos embistes
sin herir ni un racimo de la verdosa marea
que tampoco es verde ni azul.
Marea
de otras criaturas que pararon su galope de oro
para embaucarme inexorablemente.

Dorada testuz, ojos lumíneos, andadura que, inmóvil,
se recibe como un empujón de calcáreos fuegos
desparramados en mi encuentro:
¿quieres moverte, hermana
de los místicos solitarios en trance de macizo empuje,
hacia esta bebiente admiración sedienta de tu hermosura?

Cierva descerrajando para mi estupor este misterio
del que participamos ella y yo a solas.

24-12-69

Ahora,
tendidos sobre la tierra erizada de cristales en punta
reptando con uñas y dientes, retrocedemos.
Tenemos que empezar
a retroceder. Cueste lo que cueste.

Desollándonos los ojos,
trizándonos los colmillos, retroceder.
Retroceder hasta las catacumbas más sombrías
que aún gotean despacísimas, unas a otras,
lágrimas de la sangre de los mártires.

Nosotros,
los implacables jueces de los injustos.
Nosotros, los que no perdonamos a los que matan,
a los que roban,
prevarican y mienten,
enseñando las faringes purulosas,
tenemos que hincarnos a las raíces,
que comérnoslas;
que dejarnos la piel pegada a las piedras,
y retroceder.

A ver si nos sacudimos dos mil años de duelo,
de farsas infamantes,
de fusiles, de puñales y de lenguas de víboras
que disparan sus venenos oleosos.
A ver si entre las uñas
se nos funde la blanca tierra
y florece como floreciera entre las manos
de los hombres sencillos que,
por serlo,

recibieron a un crío que en volver
se empeña.
En volver y volver y volver
a madres que los matan y tiran a la basura,
aunque con su Vida
jamás se acabará.

Uñas,
tendidos boca abajo, uñas y dientes
y ojos en desgarrante parpadeo
hasta llegar al Origen y,
ya sangrándolo,
alzarnos.

Nochebuena 1969

Apoyada en la insegura superficie de una planicie ardiente
aquella delgada lámina de agua, tal un pequeño mar
clarísimo,
recibió mi presencia trémula, indecisa, ungida de angustias
oscuras...
Porque me encontraba allí conmigo, más la remota mujer
impaciente
con las manos tendidas y ávidas
queriendo desconchar su propia imagen
del agua inmóvil.

Bermelleó una obsesiva desvariante urencia: confrontarnos
desde abajo, la que pasó y arriba esta que soy ahora
con la frente arrasada de vigilias y ojos por los cuales
ha pasado la muerte tantas veces
quedándose adherida como insatisfecha amante.

Oh, dejad que mis manos desprendan con sumo esmero
a esa que está agarrada al epitelio del agua, desfasándose
de la yo que la mira y sonríe compasiva.
Ya tampoco en mis dedos punzaría, matándome,
ninguna espina de las rosas
que hieren para salvar su hermosura.

Porque tengo en los dedos mármol del que no lee ningún
mortal
que no se estremezca...
Quiero llevármela, sí, asomarla a la limpia trama desnuda
de pasados,
intactamente presente:
cabello gris y de mapa aún, como en *Brocal,* persiste

dulce y fino cabello acariciado *(Carmen, ¡cuán suave es*
tu pelo de yerba!),
con un rostro al lado que yo solo veo joven,
incendiado de amor de oro, oro de corza que brotando
va tenaz a la pura selva tensa.

25-12-69

Me identifico contigo, apenas si hay diferencias...
Porque, ¿acaso cuando huyo no lo hago como tú,
desembocando en galopes, crines, relinchos, los flancos
refulgentes pavonados o del color de la miel?
Digo de una miel rotunda de avellanada presencia,
con su corola de abejas obligándonos a huir.

Pesabas tú más que yo, pues yo era el viento; lo dijo
aquel joven carbonero de los ojos tan azules:
«Esta muchacha es el viento», encandiló su sonrisa;
y yo me llevé mi calle con sus ramajes de sombra.

Reteñías en mis claustros, primitivo y sabihondo;
trompeteabas las albas más como gallo que potro.
Tuviste greñas de oro, ¿o eran cabellos míos...?
¿Cuál de los dos eras tú?

Te gusta saltar las zanjas y nunca ganaste cotas
que no jugáramos locos a competirnos gozosos.
Oye, amor: ¿por qué no vuelves cualquiera noche de
insomnio
y nos estallamos juntos para completarnos uno?

Allá en tu prado si pastas tienes que estarte muy solo.
La yerba te secará la hermosa boca sin freno
mientras a mí se me vuelcan ríos de norias de agua,
porque sin tu yerba, yo, ni siquiera la sed siento.

Ni siquiera la sed siento, la sed se acabó contigo,
y el agua no es agua ya.

27-12-69

NO. SI NO ES MÁS que esta finísima sierra infatigable.
Si es con una suavidad delicada, a veces hasta
gozosamente líquida,
con la cual va troceando todos tus miembros;
llegándote,
como si fuera la hoja del viento de las altas montañas,
hasta la arquitectura vulnerable
del hueso vivo...
Y entonces, disgregándote en tantos y en tan menudos
corpúsculos
tuyos, que te constituían,
empiezas a preparar tu propia resurrección
todavía distante, insegura, quién sabe siquiera
si resurrección o aplazamiento.

Agudo trabajar minucioso el de las *fugas,*
inteligentísimo;
organizado caos de lo que eras, compacto bloque humano
con todo un orden preconcebido y al cual
para nada contribuiste nunca.

Sientes que se te desliza un brazo, que un hombro
sin obtenerse alas se te va de tu cuerpo...
Y después acontece tu propia cabeza,
un sostenido planear de cabellos la empuja
y sobresalta el revuelo de sensaciones mudas,
persistentes, encadenadas unas a otras:
en tornillo sin fin, disgregándolo todo en marea untuosa.

29-12-69

Busco, rebusco con ternura recién aprendida
—áspera, melocotón con vello intonso este hallazgo—,
dentro y fuera de mí, tu ámbito invulnerable,
alguna entraña mía a la que nunca rozara la sangre
para rodearte con ella, para hacerte con ella
una frontera que no cruzará ni un latido;
para devolverte aquí, a donde nos compartieron tantas
vidas y en donde
vivíamos en uno creyéndonos dos y hasta ajenos,
enajenados en nosotros,
para que esta brutal masa de tiempo rocoso
que se puso a crecernos entre días y noches y madrugadas
de púas,
se acabe, se funda, no sea
lo que no puedo aceptar que seas tú.
Mis dedos son frágiles, aunque mi pecho es tan duro como
el tiempo
y no te devuelve:
te contiene herido, te contiene lloroso,
te permanece.
Y no hay manos que te nazcan nuevamente,
no hay mañana ni hoy. Ayer.
Ayer que llevo como un lienzo entre los brazos extendidos
hacia ninguna parte. Camino. Quiero decir: caminamos.
Pisamos tierra guijarrosa, punzante de cardos,
y no sangramos ya.

30-12-69

Te lo dicen todo, te lo van diciendo todo con sus voces
más cálidas
mientras el tiempo transcurre, ausentándote.
Porque magma infernal para ti todavía,
ni siquiera lo sientes caérsete encima.
Fatigados por investirse de ti para aliviarte,
suspirando se yerguen arriba de tu cabeza...
Y se van yendo... Todos.
Descansas porque la soledad es una angustia que calma
como a frondoso río el mediodía de agosto.

Reparas en lo que tienes:
abundancia en dolor, desánimo, alejamiento...
Cierras los ojos
para no encontrar vacía la luz que imágenes te llevó,
irreparablemente aplastadas.
Entonces, ahora sí, entonces sobreviene el gotear oleaginoso
de las horas sin destino: tiempo de cicatrización física,
biológica, demencialmente humana.
Y te rebelas.

No; olvidar, nunca. Padecer. Que los dedos escurran lágrimas
y sangre los ojos, y entre los labios duros se descuajen besos
que tenías aún frescos, y que no darás a nadie.

Te llaman de lejos, te sonríen, necesitan que recuperes
la persona que acabas de inmolar por tus propias manos en
ti,
porque ellos también sufren amputaciones trágicas.

31-12-69

III

CORROSIÓN
(1970-72)

Sombríos siniestros buceadores de espacios abismales
han trastrocado los cimientos más oscuros
removiéndolos con criminal empeño incomprensible...
Entonces
los esqueletos de cosas que ni siquiera bestias podridas,
entonces los pétreos caparazones que nunca viera la luz
arrebatándose en velocidades ascensivas
para hacer negra absoluta el agua que lo cubría todo
benigna y mansa.

La volcánica furia metódica de una lava que sube, y sube,
remonta
las espirales cenagosas de los turbiones planctónicos;
y la huesuda risotada de los saurios a punto de emerger
nuevamente,
echándose a andar por orillas requemadas de basuras sin
origen.
Todo en vertiginoso ascender y ascender, borrándose a sí
mismo.
Todo podrido y sin crear, magma y despojo.
Todo con firme loca seguridad de infierno.

¡Ah malignos
espíritus que gozáis trizando límpidas claridades,
abocando a las pobres criaturas empujadas por un compacto
dolor viscoso
a una locura sin fronteras azules ni rojas ni duras ni espesas!

¡Ah desuñados desuñadores de entrañas que reteniendo la
luz de gloria
se revientan en cieno, empapado del lacre negro
que la voz estampa del acosante grito!

2-1-70

Apenas, o todo lo más, si un mínimo gusanillo que se desliza,
que se insinúa entre la red o selva acaso pasto
del cerebro en prolongada vela infatigable.
Un levísimo ser
que triza
indescriptibles partículas del pensamiento. Apenas.

Morosamente se piensa en la feroz corriente opulenta y
miserable
de la vida en que estamos: no inmersos, sino instrumentos
que reciben y emiten su peso sin señorearla...
Nunca otra
cosa que transmisores
forzados a obediencia drástica; caparazones fungibles solo.

El huésped inquieto, otro esclavo a invisible escala,
corretea por el cerebro constelado de órdenes que no nos
pertenecen,
provocando ideas que abarcan cuanto obligado a vivir.
Ya no estamos unidos el otro tiempo y nosotros;
somos dos cosas que sirvieron a ciegas y que seguimos
sirviendo...

Si creciera dentro del alvéolo, y a veces preveo que va a
agigantarse,
devoraría la acumulación que asfixia, maraña de biomas
líquidos
o coriáceos, la intraexistencia de la corriente. Entonces
me liberaría con su hambre saciadora
y podría desligar a la mí de la yo: al puente del paso
inexorable.

¿Cómo lograr inducir a una criatura que cuida tanto su invisibilidad
a que prorrumpa en destrucción anticipada y absoluta...?
¡Noches y madrugadas alrededor de la idea, ofreciéndosela
como un suculento pez que se finge inocente
para que la descarga mortal lo arrebate y devuelva al principio!

5-1-70

UNA PASAJERA,
alguien que espera el paso de su tren,
el desatraco de su barco,
el aviso de vuelo de su avión.
Solamente esto.
Después, por un instante, el hueco que dejará
su cuerpo que la distancia empequeñece y borra.

Por estas mismas pisadas pasaron ellos.
Pasajeros con su propia cita
—hora, día, estación del año...—,
inapelable,
que fueron dejándonos
vacío el lugar que yo he llenado
durante, digamos,
unos cientos de años...

Ni equipaje ni las manos vacías;
lo justo posible de llevarse:
mi propia ausencia.

Nadie impide la arrancada,
ni detiene la nave, el vuelo, la máquina.

Oíd cómo ruge la sombra
antes de sumárseme.

10-1-70

CON SUMA DELICADEZA ROE,
roe, roe...,
la gran fiera de lánguidos sumisos ojos
el hueso desigual que sustituye.
Hueso que va perdiendo su envoltura blanda,
aunque padecida, cruje sordo,
roe, roe...,
y ni siquiera espera que le descansen.

Ayer le tocó al otro, lo fuimos viendo,
roe, roe...,
girar entre los dientes que no fallan
su golpeteo. Ahora nos va a tocar a uno
de nosotros. Ya llega. Abre las fauces oscuras
y nos precipita a ellas con certeza.
Roe, roe...
Porque nunca falla esta mansedumbre desgarrante.

¡Cómo se quedó
de limpio, de afilado,
el hueso que tuvo luz...,
roe, roe...,
para nuestro amor!
¡Y cuánta destrucción le vimos
al cuerpo querido que se consumó en la hoguera
de días y más días que desgajaron
las vidas que su vida ataba con inviolable mano!
Roe, roe...

¡Hambre desde la creación, hambre
que ni el cielo calma!
Roe, roe...

1-10-70

Transparencia vegetal invulnerable
la del ala que insiste en la memoria,
tibia y tierna, refrescándole
al recuerdo sus sienes.
                                        Implacable
el lento inexorable advenimiento
de una y otra vez, de día o noche,
madrugada, atardecer, al mediodía,
la tarde condensándose en su núcleo...

Es ave y es insecto; o vuela y vuelve,
o se adhiere tenaz al pecho lento,
crispando a sus élitros en música
que del costado fluye...

No es lícito el huir, el despojarse
del pico o aguijón: temblando y firme
resisten los ataques de por fuera
los miembros castigados, las entrañas.

Gran desfile carnívoro del mundo
vegetal y animal por esta pobre
vejada arquitectura que somete
voluntaria obediencia a los recuerdos.

Nadie hable
de intentar no sufrir. Ya padecida
la existencia que trajo:
esta que muere
llevándose consigo vida intacta.

10-1-70

Se la veía por un boquete redondo menudo,
desde la tibia asechanza.
Y habla que acercar los ojos
cerrando uno al rozar con las pestañas
áspero alvéolo de madera...
La nada y lo nadie detrás de la cabeza.
Enfrente,
creciendo, abovedándose, siempre más clara y rotunda,
la selva.

Se podía salir a lo libre, pisar el umbral;
abandonar el mínimo e interior espacio.
Y era más hermoso y liberador
contemplarla prohibida y lejana:
inalcanzable.
Solo túnel que arrancaba desde los propios ojos
y avanzaba sumergiéndose
en la multitud compacta y copuda arbórea
de la selva.

Se esperaban fieras y asustadizos animales ágiles
galopando la trémula huida.
Aves oscilando de inaccesibles sequoias,
insectos mutantes, desterrados ángeles,
que devoraban inmensas flores del color de la púrpura;
y plácidos reptiles desgajándose de la mar
a la selva.

Todo era expectación convulsiva, palpitante
retumbar de las sienes
junto a los ojos de anaranjado ver.
Allí, en lo imposible ortigante,
comenzaba un planeta distinto.

El aliento al rozar la barrera consentida,
subía empañándonos el mirar...
La neblina transparentaba feroz inversión de imágenes
que no acertábamos a cuajar nunca.
Se diluían nacientes.

Más, más. No nos desprendíamos de la tortura,
del alucinado mirar de esperanza.
¡Promesa de resurrección absoluta
a dos millones de pasos...!

A un grito, a un gemido, a un suspiro inaudible,
permanece la selva:
la libertad.

12-1-70

PRESIONAR TEMEROSA Y PALPITANTE contra el espejo
la boca.
Unos labios nuevos, de piel tensa y casi a punto de estallar
sobre el cristal testigo,
inventándose el beso que, un día cercano,
se diluiría en cristal ya no devolvedor de imágenes,
sino cauce suyo: cuerpo de amor.

Calentándolo y enfriándolo al permanecer allí,
¡qué vecinos acusadores ojos más arriba, inminentes,
empeñados en no ver el rostro habitual,
sino otro que no se presentía siquiera!

Una muchacha casta y curiosa de conocer qué y cómo
haría *la otra boca,* al empujar a esta boca
con la dulce acometida de una búsqueda sagrada.
Señora y ajena la frente entre sus rocas puras,
orillas a las que afluían rubios cabellos aéreos.
El espejo, impasible; ¿cómo otra cosa?
Ni puerta ni muro: simple devolución friolenta.

Quedó (primer ensayo solitario) el beso allí incrustado.
Una flor invisible para los otros, no para su donante.
Una corola titilando los chispazos mínimos de ternura
desamparada en campo soberbio de respaldo metálico.

El primer contacto con lo imposible...
La mística entrega luego realizada entre gemidos
y lágrimas que los párpados cortaban en tajadas.

Para muchas veces ya, interponiéndose entre la verdad humana
y aquel intento adolescente,
un espejo sencillo, humilde que, sin embargo,
reflejara también el cielo del sureste clamoroso
por encima de la frente, los ojos dilatados, las sienes que se doraban,
y el beso inicial...
El primero de los besos.

13-1-70

HAY QUIEN DECRETA *volver a empezar.*
Interrumpir el tejido de la historia que un ser
o un pueblo va coagulando violenta o mansamente,
y con ruda zanja abrir el telar de la otra orilla
del tiempo...
A eso le llaman, cerrando los ojos,
«volver a empezar».

Ahí tajas tu vida. Aquí la otra comienza.
Tú eres la misma criatura de entonces y de ahora,
pero te dotas el libre albedrío omnipotente;
vuelves la espalda y afrontas futuros. Empiezas a existir
como si fueras o pudieras ser.

> —La memoria de los cromosomas,
> la fuerte adaptación al medio,
> todo cuanto han puesto en tus genes
> nada significará—.
> Vuelves a empezar. Consientes.

Cuán hermoso mañana que con nadie te enlaza.
Embriagadora sorpresa contigo procuras,
renovándote.

> —No tuvieron en cuenta
> este dolor que, súbito, se te agarra a la espalda:
> mano ancha y dura que te golpea y dice:
> ¿de dónde sales tú, no me recuerdas ya?—

Una sombra, un manojo de oscuridades,
el paso inaudible de lo que no anda ni se mueve,
lo estás volviendo a oír.

Hay que volver a empezar, te dijeron piadosos, pero
¿cómo se empieza la vida, si entre estos dos pedazos
sangrando íntegramente estás tú?

13-1-70

Ahora,
cuando nada esperabas ni a nadie,
entreviste la verdad.
No tú a solas contigo y por ti; sí fúlgidamente
su bronca revelación te alcanza
cuando soñabas su hallazgo que nunca sabías cómo;
esperabas, creías que a colmarte acudiría la verdad
como a un gran vaso de vino nuevo: bullicioso y fresco.
Y la verdad te ha dejado en un absoluto vacío intenso.
Denso y desarraigante.

¿A quién podrás preguntarle por qué vino así;
qué es, al fin, verdad eso
que los hombros te quiebra
jugoso tasajo de corpulenta esperanza
ya sin ningún fundamento...?

¡Porque tú esperabas, creías...,
ibas sin vacilaciones!

Es ahora que sabes cuando ya no hay caminos:
un camino solo, sí,
que no recorrerás por ti con tu cuerpo.

1-4-70

LAVA O MANO que recorre desde los pies la cabeza,
fuego que todo lo arrasa,
deja carcomido el cuerpo, en cuajos sangre cobriza;
escamas a desgajones:
corrosiva y devoradoramente.

Monte y suelo,
aplastando lo que en medio se mantiene
sin mínima finalidad. Sórdido puntal resiste
desenfrenado taladrar furioso.

Aullando las naves van,
que vientos secos de niebla
a dientes recorrerán los huesos ya despojados.
Arenas azotarán,
calcinarán los tornados,
acometiendo armazones harto mellados sus fustes.

Y esto seguirá aguantando
que el cielo le trice el cráneo;
que sorbeteen la sangre
vegetaciones que huyen.

2-4-70

HAY QUIEN LLEVA en su cuerpo árboles.
A quien le crecen mínimas vegetaciones invisibles.

Por algunos corre el agua y se les lleva
minuciosas estructuras, arrasándoselas.
Mientras en otros
se agrupa el agua en el cuerpo, hace su poza y entonces
el árbol puede crecer abasteciéndole jugos.

Cada cual tiene en su carne una floración distinta.
Están leñadores bárbaros que a machetazos la talan
mientras sonrisas de otros agregan su corriente al agua.

En unos trizan los dientes los tallos duros, cortezas;
y en otros crecen espinas entre párpados crustáceos.
Criaturas asoman cardos desde sus sienes, y avanza
una selva rumorosa bienoliente,
picoteadores riachuelos...

Ninguno es total desierto, arenas muertas ni páramos.

2-4-70

Si hablo palabras yo es porque la muerte es muda.
Otros nos dicen lo suyo, como el barro o como el hierro,
y la saliva segrega taponando los desgarros
cuando la muerte nos hiere sin adelantar noticia.

Las aborígenes plantas, las mareas y los vientos,
la encenagada candela de las selvas pertinaces
nos van diciendo que son, aunque no perviven nunca,
para la muerte que muda tampoco escucha ni oye.

Para mellarle la boca es un acierto bestial
este dejarse abatir sin oponerle resuello:
aparentar que se duerme cuando galopa tajando
con avarientos cuchillos.

Se vuelve feroz el hombre, y chirría y vocifera,
atrayéndose hacia sí lo que rechazaba loco.
Y solo los animales hunden testas resignadas,
escondiéndose y a solas para en dignidad morirse.

Al hombre le pertenecen las palabras del horror,
que solamente es humana esta aversión de la muerte,
y cada cual entretiene el su temer que le nombren.
Si hablo palabras yo es porque la muerte es muda.

7-4-70

No podrá decirnos el país que atravesara,
que le fue carcomiendo los ojos.
Absortos nos hallamos delante de la criatura
despojada como va de cuanto otorga la tierra.

Los párpados han sido. Fueron párpados
encima de los ojos y ya no son ningunos.
Y todo el cuerpo es lava con un extraño viento
que arranca el oleaje a su cintura.

Parecería despierto si se abrieran sus labios,
trasluciendo blancura los huesos persistentes.

De esta flor son tan leves sus pétalos sonoros
y exhalan de su mano pavorosa eternidad.
Aunque abrasado el brazo, mantiene en vívida mano
la flor inatacable, oliendo frágil y fresca.

Antes de acometer su desintegro
nos reveló que durmió y que soñado...,
y que el alguien que entró en aquel sueño suyo
entregole la flor cuyo tacto era música.

Respiro se le quebró, porque miró y tenía
justamente su mano la alucinante cosa
que trajo flor de forma: la que salvó en su sueño
y desgajársela no pudo.

Estuvo, sí que estuvo. Todo lo atestigua ahora.
Seca, empavonada, aullante y silenciosa,
tan quebradiza y tan tierna como lo que fue su carne.

«Si un hombre atravesara el Paraíso en un sueño
y allí una flor le entregaran...»,
que oliera al despertar, entre sus dedos,
¿qué diría este hombre, ya despierto?

No habla. No habló; como Lázaro
que rescatar no pudo abrasadas palabras.
Pero ha soñado, sí; alguien que no recuerda
le dijo: «Tómala en memoria de Aquí».

Y él despertó seguro de haber tragado lumbre
y vio la flor abierta como un dios, en su mano.

10-4-70

Corre un opulento río viboreando praderas.

Ante el empujón de niebla al sueño se rinden ojos.
Tamborean mis escuchas... Ignoro quiénes cabalgan
las presurosas manadas que, violentas, se detienen.

Bosque, de vahos se empaña; y a mis hombros los doblega
la nunca quebrantadiza y llamareante noche.

23-4-70

CUANDO SE ECHA A ANDAR entre los otros,
integrándose en grupo,
se empieza con la alegría de ser
parte del universo
de las criaturas humanas.
¡Y es largo el camino, tan largo...!

Si un día se vuelven los ojos,
hay menos acompañantes
llevando el mismo paso...
De pronto,
se está completamente solo caminando.
Y solo se camina ya.

Pasan las tierras y las bestias,
los pozos crecen lagunas,
se enajenan los ríos,
correteantes.
Se ensancha la distancia de la niebla
entre los no y el que anda.
Que tampoco, en un momento cualquiera,
vuelve a encontrarse consigo.

Brocal, 14-7-70

Tabla de agua,
inestable superficie que repite temblando
una triste indecisa imagen.
¿Cómo acometer un solo movimiento
si ello implicaría desaparición
del vacilante soporte fragilísimo?

Oh, no; quieto el doliente cuerpo
que se encuentra repetido a su pesar,
amenazado de sombrío naufragio.
Tan quebradiza lámina líquida
es solamente un instante.

Sería glorioso
(¡pobre planta de amor
regada por los ojos que lamen
la titubeante mancha
del ser que quisiera cogerse a sí mismo!)
agarrar la cabeza de agua,
los hombros y el pecho de agua,
levantándolos estatua.

¡Vientos que empujan corrosivos,
precipitando peligrosos ácidos
a la doble criatura asediada!

Vacía se quedará esta charca,
la tabla insidiosa, el espejo,
si la imagen concurre a su cuerpo.

Brocal, 14-7-70

TODOS HAN VISTO LA YERBA
y se gozaron pisoteándola...
Otros más tiernos se descalzaron
para que a sus gargantas subiera
húmedo frescor de criatura férrea humilde.

Trémulos belfos de toros negros
se escondieron en la población compacta
de diminutas crujientes hojas,
para unificarse con la dura tierra.

Inquietas campanillas tiraron de corderos
para mordisquearla y que subiera el vaho,
ensanchando el volumen de la tarde
en su temblorosa oscuridad temblando.

Todos la vieron entre las piedras,
sobre terrones, asomándose a los huesos...
La corta yerba de tres hojas,
la acribillada yerba.

Crecerá súbita un día, harta de quemarse
y de que la trituren bestias,
que la desgarren criminales pasos.
Y todo lo asfixiará, se tragará este mundo,
que no la defiende, aunque la nace.

¡Oh desbordante marea de la yerba,
clorofilándolo todo hasta matar la vida;
triunfadora venganza del olor mortal de yerba
aplastando ciudades,
obstinadas criaturas de absoluto inútil reino!

Brocal, 14-7-70

De entre la absoluta distancia crecida entre nosotros
irrumpiste tú anoche hacia el alba en mi sueño.
Traías en tu mano derecha hermosa
una incesante rama de flores.

Frenética alegría que tambaleara al mundo
me precipitó a tu encuentro,
y alcancé tu cabeza con humeantes labios,
lágrimas de lava acumulé en tu rostro.

Nunca jamás despierta lloré riendo tanto
por encontrarme al amor en mitad de la muerte.
Retrocedí avanzando, una mar en mi cuerpo
asolándolo todo volvió a crearte joven.

Las flores que trajiste perdurarán hincadas
para el glorioso magma de la resurrección.

Brocal, 15-7-70 (Navacerrada)

PAUSA ANTE EL ORIGEN

Irrefrenable

«Algunos días por mi corazón la Tierra
pasa igual que el Mar.
Desembarca oleadas de memorias
que no sé si son mías,
que no sé si las sueño.

En estos días por mi corazón en vilo
el Mar lo empuja todo.
¡Soy tierra aquí en lo alto, mas aquello!
Aquello es el Mar, huele a semilla:
a hombre que me hizo y que me tiene».

(Carmen Conde: *Ansia de la Gracia*, 1945)

I

Mar antiguo, mar intacto.
Sobre la tierra mollar a la luz le brotan alas
mientras las figuras pacen un verde rosa tan tierno
que se funde con el agua rota en orilla de barcas.

Mar antiguo, mar intacto.

Las norias callan en rojo sus bancales removidos.
Hay una tarde muy larga deshilándose en palmeras
y un molino abate lienzos en sus aspas renegridas.

Mar antiguo, mar intacto.

Amontonada la infancia con la juventud, madura
a fuerza de padeceres esta edad sin retroceso:
mar antiguo, mar intacto, naces a mí como un dios.

II

Amor amor amor que sí que a él lo quiero.
Es tan puro el amor que al amor nos entrega
que nunca vio la vida más divina locura
que el sentirse de amor con mil rostros de lumbre.

Escapa, corre, huye; galópate embriagada
antes que se te incorporen líquidos ácidos verdes
que confunden a sustancias de la juventud embridada
en cortezas muy oscuras de saliva con su légamo.

Amor amor amor se te incendiaba la boca
y, sin embargo, el amor te la dejaba tan pura
que, realzando tu blancor, a los cielos se le opone.

3-5-70

III

Todo es calma; así es lo otro que se mueve sin descanso
en esta franja del mundo al que vuelve mi oleaje.
Nadie quedó de aquel tiempo en que aprendí a conocerte,
mía tierra, mía luz, mía mar, mía esta sangre.

Amasarte como pan, como vino incorporárteme.
Ningún alimento pudo renovarme cuerpo y alma.
Vuelvo a comerme de ti cuanto transformas, y bebo
la salobre luz de aurora que al atardecer segregas.

Qué seco mundo recome tu antigüedad milenaria,

asumiendo a las criaturas que se acercan a tu mar.
Y cuánto pesas en mí, la más vulnerable tuya,
cuando derramas la pulpa de tus sales en mi boca.

¡Oh estatua derribada en una pereza ígnea!
¡Oh varón, hembra entrañable en unidad inacabable!
Esta mar es una lava y es un hijo, una columna;
este vivir junto a ti es sabor de viva muerte.

Desde la entraña aterida casi calcárea memoria,
retumba mujer volcánica su lejana adolescencia.
Hundiéndose en ti proclama que nada muere, que es
este magma de creación que eres tú, la mar más suya.

IV

Junto a ti carecen de sonido las palabras,
de mínima significación.
Eres como la muerte: un muro
para que nos estrellemos.
Sí, como la muerte que renueva la vida.
Transformante actividad infatigable.
Resurrección.

¡Ay, pero en otro y en otros
que nunca conoceremos y nunca
avivarán la conciencia
en que habita este instante!

V

Refrenadas floraciones de rosas
pueblan tus entresijos;
y el oro con el gris, el ocre con el plomo,
la amarilla y gozosa intensidad del verde
bañan tus montañas, Cartagena.
El Algar con La Unión con El Estrecho
en este palestiniano
aquilatar de barrocos,
que son las orillas terrenales
de La Mar Menor.

Deviene alucinada esta criatura absorta
que recuerda o presiente
la vida que vivió o que acaso
tendrá que revivir un día,
con el sol que desgarra a la tierra su vívido
violeta espeso, zumo
de un morado violento.

Ribera de San Javier, 17-9-71

VI

Un peso enorme fecundan las palabras.
Intento extraerlas delicadamente
para no interrumpirlas:

El mar está ahí, frente a frente;
y como la muerte, aguarda
mi proximidad...

No escucha que gimo
y revuelvo mis tristes arenas.
Pesan sobre las palabras
juntas la mar y la muerte.
Quiero gritar, desprendérmelas,
porque, ¡cuánto me roen a Dios!

> *«A la luz de la tarde,*
> *como cuerpo y espíritu,*
> *tierra y mar completándose.*
>
> *Como espíritu y cuerpo,*
> *tierra y mar invadiéndose*
> *en espacio y en tiempo.*
>
> *¡Oh fragante equilibrio:*
> *el del mar y la tierra,*
> *el de cuerpo y espíritu!».*
>
> (Antonio Oliver Belmás: «Costa en Cabo de Palos»)

VII

Que siempre brotando está,
desde la vieja raíz que carece de principio.
Siempre pugna por crecer y se contiene
apenas difuminado..., contornos casi invisibles...
Parece a quienes lo encuentran
perennemente inconcluso.

Asimismo sus orillas:
almendros y las palmeras, los alcornoques y olivos,
de naranjos la humareda
de dulce creación gestante.
Apenas si cordillera del torvo metal hundido,
si los pozos de las minas,
tan estrechos.

La Galilea de sales, de azules hervor la mar,
salobrándonos asciende,
y boquean fulgurando los peces recién nacidos
mientras su rastro de escamas
abrasa el sol de los tiempos.

Saldumbre entre los almendros, olivos contra peñascos
que escapando de la costa se proclamaron islotes.
Nunca terminado. Nunca.
Ni nunca *hasta aquí.* Ya hecho.

VIII

Íntegro quedaste aquí, mi muchacho silencioso.
El muchacho ensimismado, retraído.
Soy la tuya que tuviste, como nadie
tuvo jamás su criatura
de pasión; de cuánta fe
y esperanza entre las lumbres.

Oh, nuestra mar contenida en viejos saberes ciertos,
conmigo concurre ahora a todo lo abandonado.

Nunca volvimos atrás. Todo intacto lo dejábamos.
Vine sola a recogerlo, oloroso y tierno aún
porque lo aprietan mis brazos.

IX

Pugnando por taladrar tercamente el suelo gris.
Apareciendo en el aire en un largo tallo verde.
Rompiendo las grietas secas para abrirse su camino
tan invisible y delgado que el viento apenas lo advierte.
¡Y todo para oponerse
a la indestructible angustia!
Mas, apenas enunciado,
                    plúmbeo, feroz, aplastante,
el desencanto.

Cántico, acción y creaciones de la incalculable ansia
arguyéndole a la nada, sajando en sus pétreos pliegues.
Los ojos desmesurados, las tensas manos aullantes,
quitando a lo sin color
concreta de lumbre llama.

X

Nunca estuviste conmigo como te sumas ahora.
Me precipito a tu encuentro en el temor de encontrarte
con el corazón rompiéndose entre tus labios ya fríos
y el terror contra tus ojos, amarilla flor viscosa.

Abro en el sueño la puerta de tu hallazgo porque encuentro
que vuelves dichoso joven sin temor y con sonrisas.
Al empujarme las sienes la aurora nueva, te veo
como te dejé aquel día: cerrado, ajeno, concreto.

¡Cuánto vienes y te vas cortado de luz y sombra;
cómo oscilas en mi alma pedazos de nuestra vida;
cuánto padecemos juntos, aquí, conmigo, en la mar!

Lo Pagán, 20-3-70

UN INSTANTE TAN SOLO para dejar de ser.
Pronuncie el olvido su ola de aceite
y tampoco habrá sido.
Brotándolo,
se contraen las entrañas donde estuvo su gajo.

Otro montoncillo de genes,
y otros más; casi los mismos.
Se lo tragó el silencio.

Hasta el ruido de sus pasos.
Dentro lo todo que invade e invade, nada persiste.
Hubo apenas si adarme de tiempo
para que fuera *él*.

Sobresaltante, estruendosa y áspera
la voz de instrumento o garganta
va exhalando los nombres.
Nombres goteadores,
autofundiéndose.

Marzo 1971

NO. SI NO HICIMOS NADA.
Amar, doler, sufrir...
Llamarnos Pedro, Juan, Mateo, Lucas, Pablo,
Marta y María, y Magdalena.
Y, muy borrosamente ya..., tú conoces el nombre.
Lo conoces todo. Eres
antes de ser. ¿Cómo inventarte
si inventado naciste y de tu proclamación vivimos?

Por mucho que te calles voy oyéndote
enrejado a mis palabras:
prisión de ti, barrotes a tu ausencia,
calabozo fungible
del que no te escaparás sin llevárteme.

Así están entre nosotros las cosas:
el que se lo llama todo
y la nombrada que espera la desnombre
el mismo que la nombró.

25-3-71

El silencio es una costa de la sombra
en la que no desembarcan voces nunca;
acaso, en un instante,
el sollozo ronco de alguna imprecación.
La arena se funde mínimamente, invisible
como la luz para los sordos;
y crecen las algas furibundas frías
de prolijas constelaciones.

Vulnerar el silencio tendido a lumbres
es perforar la tradición sagrada
de tenaces vegetaciones.

Romper el silencio oscuro equivale
a profanar milenios de monólogos
que van cuajando en ónice.

Costa o volcán, cualesquiera idea
que se atreva a decir qué es silencio,
se condena solo al nacer.
Ni mirarlo siquiera es posible,
ni acercarse a su cuerpo.

Quizá en un rapto, en una tromba,
quemarlo con ácidos, nuclearalizarlo.
Romperle el alma en carne pútrida.

Benidorm, 10 abril 1971

No se pueden cantar las cosas inanimadas
cuando se nace para participar de la vida a zarpazos;
a querer y que te quieran exhaustivamente,
aunque, a veces, te reservas el placer de no entregarte
ni de tomar.
De encerrarte en el cuerpo que te pertenece a ratos,
encastillándote en él.
Porque es tu carne caliente, desesperada, rugidora y
noble,
pero que maldices si ahítas,
porque tú eres si tu soledad es.

Un monte, una casa, la piedra que permanece
no te dicen mucho...
Tampoco todos los que abocan a tu paso, tengan
o no tengan
problemas sociales o humanos.
Tienen que llevar otro mundo
más grande que el de su parda realidad,
para que tú los desees, los cerques de ti,
los necesites y logres que ellos
te necesiten furiosamente.

Las calles, las plazas, las casas, los caminos
han de estar ligados a las criaturas;
animados por su olor, sudor, arrebato, y por su sueño
de un algo que no conocemos ninguno...
Inventariar el mundo es el desmedrado oficio
de quien carece de imaginación. ¡Para él las cosas, las
nóminas
de cosas! Para ti, para vosotros,
crearlas todas: volverlas a nombrar.

28-12-71

De tanto oler a podrido, de sándalo son los olores.
Aguantar montes de embustes arrebató la verdad.
La ferviente adolescencia defendida en la memoria
con su desprecio arrasaron vanos proclamantes nuncios.

Podríamos considerarnos unos tristes dimitidos
relegados a la trampa de la historia,
si no nos doliera aún, ferozmente todavía,
cuando nos pisan el cuello.

Se permanece en la orilla de ferruginosas yerbas,
chapoteando en las ciénagas
contra la desilusión atroz.

28-12-71

Si todos se hubieran muerto,
o exiliado,
o acabado en las cárceles...,
¿con quiénes aprenderíais cuanto despreciáis?
Porque aunque apenas si les conocéis,
si cruzáis las palabras precisas con los supervivientes,
ellos están aquí.

Fueron testigos y fueron parte.
La fuerza misteriosa de algunos designios
se acumuló salvándolos (¡es un decir!),
para veros nacer y crecer.

¿Qué aprendisteis de ellos?
A odiarlos.
¿Qué sentís por ellos?
Desdén de ignorancia.
¿Adónde camináis obtusos?
El hombre es una máquina de absurda repetición.

Haréis las mismas cosas.
Caeréis los mismos jóvenes.
Os perseguirán, encarcelarán, os matarán por la espalda
y devolverán, acaso, vuestras ropas agujereadas
para que aprendan —o recuerden—
y sigan temiendo.

Es solo cuestión de miedo.
Y, con miedo, ya lo iréis comprobando,
todos seguirán igual.

30-12-71

SIEMPRE HAY QUE PUDRIRSE la derrota,
sin renunciar a una sola brizna de la conciencia
que mantuviera, aunque soterrada,
cuanto se significara por dentro.

En el cuerniloco festival de los avatares,
niños y más niños llamados acuden
a cubrir las bajas de los muertos,
de los ausentes por la prisión o el exilio.

Vamos envejeciendo todos a la vez,
mientras los hijos se aferran a su juventud
como a una bandera de enganche
hacia otra nueva cruzada...

Irguiéndonos ante el muro nos mantenemos
para que nos vuelvan a eliminar.

30-12-71

Osiris

I

Me miras
desde el principio del mundo,
de cuando solo bastaba una palabra
para trocarnos en diferentes.

En tus ojos reside inteligencia.

Sabes que participamos juntos
de idéntica materia.
Por ello tu libertad te alza
frente a mí. Somos
dos partes otras de Dios.

No intento, ni lo resistes,
doblegarte a mi amor; el tuyo
tiene uñas y dientes.
Soy la que respetas, si respeto
tu indomable aislamiento.

Por eso cuando acudes voluntario
para apoyar tu peso en mí,
regreso contigo a aquel barro
que no tenía nombre cuando éramos
gato y mujer la misma tierra.

26 abril 1971

II

Querer tiene cristales y una pulpa suave
que dulcísima alivia el empuje del fiero
acontecer ardiente del querer sin reposo.
Querer es cataclismo, aunque quieras a un perro
o estés queriendo a un gato...
Si has querido, tú sabes
que estar queriendo duele: es carbón encendido
y no se aplaca nunca, ni hay agua que lo apague.

Querer es el mordisco al pan tierno, y con hambre.
Querer —¿cómo lo digo...?—, querer es un infierno.

Y si no se quiere así, a tragos de locura,
no se vive ni muere. ¡Se pasa de este mundo
como una luz pequeña, que ni el viento la advierte!

Ribera de San Javier, 20 septiembre 1971

III

Se tiran al fuego los leños
y arden voraces las primaveras
que dentro se refugiaron
(amontonándose, remetiéndose, escondiéndose)
para que el viento no las deshojara
definitivamente.

Se queman los cantos de los pájaros,
las minerales resistencias de la escarcha.

El fuego canta alegre, amante hambriento
de cuanto palpita y crece.
Las tiernas mañanas soleadas
que el hermoso animal que no olvido
absorbía entresoñando;
y la consumación de la tarde honda
que se empeñaba en no perder, libre criatura
que mi amor retenía con respeto,
devorando está el fuego.

Delicadas floraciones de estos leños
llamarean también;
y un tumulto de roncas vibraciones
se debate, sollozante, en la hoguera.

Frutas gozosas habitaron
lo que ahora es chorro ígneo.
Se encajan con furor amargo
los dientes que alegres las mordieron.

Amenazante ofidio gigantesco
es todo el fuego ya.
¡Oh, sí; que cunda el avaricioso atroz
de lo que no está en presente!

21-11-71

IV

Cuando intento aplicar una sola palabra exacta,
la que puede transformarlo todo en alegría
y también en dolorosa injusticia...,

pienso en ti que fuiste lo primero.
Porque jamás conocí a nadie que, como tú,
fuera la expresión hermosa
y salvaje
de la palabra libertad.

Cuanto te quise, y te he querido mucho, era
porque pronunciarte
significaba proclamarla a ella.

Madrid, 14-1-72

No. Si no nos conocen.
A casi ninguno.

Alguien tuvo la precaución de ir sembrándose
astuta, cautelosamente,
para que su esperma fructificara en identificaciones.
Los más, sonrieron asqueados de las fichas

y de las huellas,
y se dejaron ignorar. U olvidar.

Proliferó la semilla de tal modo
que florecieron millones de nuevas criaturas
—eso sí— con el cerebro lavado a conciencia.
Como no miraron atrás de sus años,
no nos encontraron.
Además, hay que consignar este dato:
nos mantuvimos ajenos a promociones decretadas.

¿Sabes tú lo que solo nos separa...?
¡Aprendiste tan poco,
fue tan mísero tu equipaje!
Aguarda a que pasen las décadas
y ya estaremos muertos, y tú, viejo repleto
de tus mostrencas banalidades.

Entonces calcularás, sin creértelo
—tan necio te parecerás—:
«¡Vivía cuando yo era joven; pudimos incluso hablarnos...!».
Y sonreirás gloriosamente absorto,
rascándote el hocico.

21-1-72

Si con ira..., ¿para qué con ira?
Debiera estar gastada cuanta se trajo al mundo.
No se gastó el amor. Sigue fluyendo
de una inacabable corriente inabarcable.
Con amor que nada pide y espera.
Con amor.

Pisa tenuemente las aún tiernas huellas
y humedece las duras, rehace fugitivas.
Se detiene junto al árbol y recupera fuerzas;
moja sus cansancios en la orilla, cobra frescura
del río nunca inmóvil.
Si pájaros cantan, cerrando ojos oye,
y si solo hay silencio,
se dedica a pensar.

Siempre hay flores locas cabeceando a gritos
de su olor y su tacto.
Los caminos no acaban, perdura el viento, el cielo
esperando persiste que levanten los ojos.
¡Hay que hacer tantas cosas
para decir que se ama!

Andar y andar siempre, no detenerse nunca,
mantenerse viva el ansia
de seguir caminando.
Si no encuentras alguien que te alargue en sus manos
la fruta más crujiente y fragante de todos los jardines:
«He llegado pronto; antes que llegaras, junio»;
o *«He llegado tarde; estamos en invierno»*.

Todo es un viaje, todo es obediencia,
aunque a veces quisiera el amor arrasarla.
—Que el amor pace furias que socavan su entraña...
Mas, sin ira; sin ira. Con amor que no acabe.

22-1-72

No nacida

Opaco.
Porque nada de cristal ni espejo.
Pasó por el cuerpo
sin poder abrir los ojos,
cual pasa por el ciego espacio
esquirla de astros que vagan.
Ni siquiera luz
ni estremecimiento.
Es mucho después. Cuando en la Tierra
caen pedazos de piedra de rayo,
se sabe
que un algo murió mientras nacía.

Si fruta hubiera sido,
o cordero humildísimo...;
alguna planta como la patata ingenua,
de las hambres recurso diario,
acaso sí viviera
en linfa transformada.
Pero como no lo era,
como no pudo ser sino aquello que no fuera,
a nadie aplacó
ni a criatura alimentó en el mundo.
Germinó, y al abrirse,
prorrumpió en su muerte.

Pugnaron tales cosas,
eternamente pugnan.
Maceradas personas llorarán su desdicha.
La vida es así. «Muerte para los vecinos era»...

¡Pero esa muerte
antes de salir a vida...!
No se pronuncie que se la comprende.

Sobrevinieron más.
Muertes de vivos que fueron vivientes,
no de los creados para no nacer.

¡Dolía; Cristo, cómo dolieron!
Mas se pueden recordar los rostros, la voz; el calor de
    las sangres
concertándose a ciegas.
Hubieron las horas, los días, las noches.
Habíamos tenido tiempo.
Acudiendo al recuerdo, volvían
otra vez a vivir con nosotros.
Caíamos del luto en sus ojos, en sus bocas lo oíamos,
compartiendo lo roto y los hechos.

Mas si se *nace* muerto
no se existe dos veces.
Y una no olvida, perdona ni quiso otro ser
que un no cuajado en serlo.

Permanece despacio la carne.
Se planta ante el crudo espejo este cuerpo
y se piensa:
                pasó por aquí; aquí se hizo, dentro.

Porque a una la siguen royendo las hambres brutales
que nada sacia nunca:
                las de haberse asomado a sus ojos.

Julio de 1972

Nunca encontré presencias invisibles
acorralándome.
    Caminábamos a la plena luz
    del sol.

Una extraordinaria música avanzaba
conmigo unánime.
    Nuestras frentes se embebían
    las brisas múltiples.

Ninguna insidia revestían selvas,
ninguno océano.
    Gozábamos las fuerzas duras
    de la vitalidad.

¿Quién nombraba a los fantasmas turbios
desgarrándonos
    sin poder apresarles las fieras
    gargantas inaudibles?

¡Alegría de andar por los ríos
tirando de sus fuentes!
    Jamás por jamás el duelo
    corroyéndonos.

Jamás para siempre, otra vez,
aquellas vidas.

18-7-72

Uno tras otro, se vienen yendo,
uno tras otro...
    Y quedo aquí.

Hiciéronme nacer implacables
para verles irse,
    quedando aquí.

Diéronme la fuerza inagotable
cuando la pedían ellos,
    dejándome.

Diéronme el amor, la infatigable
voluntad de quererles
    desde siempre.

Todos, uno a uno, todos
uno tras otro.
    Porque yo sigo aquí

y nadie sabe
    si permaneceré aquí sola
hasta que vuelvan ellos.

18-7-72

IV

EN ESTA HORA DEL MUNDO

(1973-74)

A Miguel

«En esta hora del mundo
en que nos encontramos,
lo difícil no es morir,
sino seguir viviendo
y luchando».

MAIAKOVSKI

No se puede evitar que resbalando vaya
a caer, invisible, en el hueco del pozo
que no sufre sondeos, al que nunca se llega.
Pensándolo de lejos, al irnos acercando,
por nombrar de algún modo llamaríamoslo sima.
Puede ser otro, y esta embriagadora planta
o animal monstruoso que rudamente hiede
a pantano crecido de lotos.

Alguien mirando estaba, corroído de angustia,
por sus ojos de miedo...: sigilosa amenaza
sus costados remuerde.
Nadie intenta cogerlo y si estruja su bulto
igual que el agua escapa, hasta su hura fluye.

No se puede olvidar. Porque si hincado, muerde
con presura acuciante
reptando por el alma sus rotos dientes fríos,
se le ve resbalar dentro de los espejos:
una hebra de humo oblicua larga y frágil
retallando en el rostro, vegetando en los ojos...
Perdido pueblo atroz en la ciudad que somos.

En una flor cenizas: en las paredes moho.
En el papel más blanco, amarillor vetusto.
En las manos las venas aumentan su presencia.
Los cuerpos continentes de hermosura, rotundos,
altivos cuerpos, ceden su flora a raíces.

Lo que su gloria criba continúa implacable,
no cediendo a la luz ninguna de sus gotas.
Las paredes revientan, se van desmoronando
y el suelo las asume podridas, desgajadas.
Removeréis la tierra, aventaréis la arena;
distribuiréis las piedras que crecen a diario.
Si hacéis brotar la flor, alcanzaréis que el huerto
otorgue nuevas frutas amparadas por hojas.

Todo lo arrasarán. Todo irán convirtiéndolo
en pasto licuado del abismo con hambre.
Ni palabra ni rosa ni canto ni sollozo
asfixiarán el rostro que acusa en el espejo.

—¿Cuándo empezó? —diréis, ojos frente a los ojos.
—¿En qué momento fue; en el sueño, despiertos?—.
Estáis sobre su boca, debajo de sus labios;
os abraza lo efímero: la voracidad sin freno
que se encona implacable. Precipitándoos.

....

No lo sé, no; no lo sé.
Pero hay oscuridad,
una inmensa escurridiza atosigante
oscuridad.

Sí, lo sé. Hay oscuridad.
No la producimos.
Nadie la confiesa.
Pero algo, pero alguien, pero alguno,
yo no sé si quién,
mana oscuridad,
oscurísima su oscuridad.

Ni de dónde viene.
Ni de dónde sale.
Llega, envuelve, reboza, oprime
la oscuridad.
Nos aleja de nosotros; aunque estemos juntos
hay entre nosotros
algo que es oscuro.

Hay entre nosotros
sin que lo toquemos,
pero humedece los rostros y el pelo y la voz
la oscura oscuridad
que nos cerca, que nos baña;
que es tan terriblemente oscura
que ni la vemos,
porque ciegos nos va dejando.

Brama del acoso ciego

Lo justo,
considerado desde la humana cabeza creada por ti,
sería
poder comprenderte;
y que no fuera peligro de repulsa tuya
la aceptación
o el rechazo.

Desde siglos
fueron embarcando tus feroces exégetas
en que significa
peligro mortal eterno
intentar la interpretación
—la asequible a nuestro juicio—
de tus determinaciones.

¿Por qué,
nos preguntamos entre barrotes ardientes,
he de aceptar radiante
lo que no sé qué es
ni por qué?
¡Ah, la quemante,
la flamígera espada del descanso,
de tu presunto rigor!
¡Ese terror de púas acribilladoras
con el que amenazan en tu nombre!
¿Comprendes, aceptas;
accede a entendernos el que nos hizo,
lo tremendo del caos
en que nos debatimos para alcanzarte?

¡Si todos los caminos
dicen prohibido; si todo se nos cierra
y no nos deja saberte!

Nos manejas desde el misterio.
Te ocultas y actúas por medio de signos
que son inapelables
e inexcusables
y apisonadores.
Y nos morimos de sed de tu presencia
real o trasmutada.
¿Cómo puede constituir mi rebeldía ofensa
por quererse confundir con el amante?

Un día y otro día,
abrumadoramente eternidad eterna
en semejante debate.
Caen los golpes contra las espaldas secas
o contra los tiernos costados rezumantes de sol.
Y aguantar,
y padecerlos
con seráfica conformidad alabándote.

¿Cómo admitirte
a ti, el amor en esencia y potencia,
hendiéndonos sin permitirnos
que entendamos por qué tú procedes así?
¿Por qué tú te niegas
a intuirnos la explicación de lo que haces
o que nos hagan permites?
Si entre nosotros, humanos,
nos exigimos la verdad de los actos.

Si con el juicio que nos otorgaste
no cejamos hasta abarcarlo todo.

¿Por qué se nos inculpa
de ser desobedientes, rebeldes,
cuando intentamos por todos los medios
cercarte, apretarte entre los brazos? Cogerte vivo
como un ciervo de luz,
para saber —¡por fin, saber!—
que esto del dolor sin cura,
del duro dolor punzante
de la vejez y de la muerte,
son —otros lo dicen—, son
caminos para alcanzarte
—¿dónde, cuándo, en qué?—
y ser tuyos y hacerte nuestro.

Proclamo que no entiendo nada.
Proclamo
que, sin entenderte jamás
y doliéndome por ello,
te quiero.
Sí.
Te quiero.
Y quizá por no verte ni esperarte
creo ciegamente en ti.

Comprende.
Y ayuda. Ese es tu querer.

23-1-73

La trompeta

Juntaos.
Soy yo quien lo ordena.

Juntaos todos los trozos de cuerpos destrozados
en los campos viscosos del furor.
Juntaos también los animales inocentes
reventados en las carreteras.

Yo lo mando. Os convoco a la gran fiesta
de una nueva resurrección.
Porque ahora lo será ante unos seres
otra vez completos, otra vez fragantes
de vida que rutila impetuosa.

Quiero que mi voz la escuchen
moléculas y miembros,
células y átomos
de todos los cuerpos destruidos.

Juntaos otra vez.
                    Juntaos.

26-4-73

Mar

Divina la extensión del cuerpo
vivo prodigiosamente
orillas de la mar, único medio
de estar sobre el mundo sabiéndolo.

Brazos candentes al sol, piernas
hundiéndose interminables;
concorde golpeteo fragoroso
sobrevolándonos...
Estar, completa al universo aquí
y aumenta la creación.

Bulto el calor bajo la carne
que las brisas caminan.
Nunca otorgaría nadie este gozo
de no ser, por estar.

Todo es igual sin parecerse
porque indivisible el todo,
aparezca como aparezca. Se aprende
permaneciendo en la orilla
que se succiona la mar.

Un cuerpo, sí; en él se juntan
aire, fuego, tierra y el agua
hirviendo en el vaso, que se rompe
si prevalece uno de ellos.
Un cuerpo aquí, desmenuzándose
para la arena en que yace.

MUCHOS cuerpos desnudos.
Cuerpos por el sol hendidos
con dientes de lumbre,
mostrando van sus senos y sus sexos,
latiendo bajo las telas
mínimas en cubrirles.
Caminan junto al agua, que los toma,
sean horribles o hermosos.
La luz los corroe;
absorbe voraz desde sus poros,
la tímida y la violenta
palpitación de los miembros.

Oh, mar indiferente;
oh, sabia mar que aceptas
la vestidura nueva junto al recuerdo
de la que fue y no es, pero que sigues
viéndola radiante en sus cenizas.

Viejo vientre potente de semillas
a las que te acercas aullando,
sorbiéndoles el suelo que es su plinto
de fugacísimas arenas.
Sabemos que no sabes, no eres libre:
¡tampoco te rebelas ni libertas!

Mediterráneo, 10 y 15-7-73

La arena

I

¿No perdisteis nada entre la arena...?

Vosotros caminasteis por las playas
descalzos y desnudos,
llamareantes de sol...,
¿y no se os cayó desde los labios
algo que no pudisteis recobrar?

O desde las manos.
También desde las manos pudo
resbalárseos algo
que la arena se tragó avarienta:
insondabilísima, amontonante, atroz.

¿Ni de los ojos se os cayó a la arena
lo que amando más estabais,
mordiéndolo con la mirada...?

La arena, acribillante pulverizada tierra
que solo existe para enterrar.

Mediterráneo, 4-7-73

II

La sed más inmensa, la sed insaciable;
la que no se calmará, aunque eternamente
vayan sus fauces abiertas;

la áspera ardorosa, encendida delirante
a la orilla extenuada de los ríos
volcados hasta los ojos en la mar,
es la sed de la arena.
¡Furor de la sed de la arena,
metida hasta en la mar!

Porque no la empapa el agua, aunque la cubra,
sino que de ella se rebosa
y fluye, fluye la mar, de la arena...
A puñados, bocanadas, mezclándole todos los cuerpos
no retendríamos su agua; seguiría
bebiéndosela cordilléricamente.
Agua, agua, todas las aguas del universo
sin, suyas, podérselas quedar.

Sed de la arena. Sed de todas las arenas
hambrientas de sed a la orilla, en el fondo,
entre las rocas profundas de la mar.
Aunque todas las mares se le echen encima
o la estrujen y aplasten con su peso,
no se le acabará su sed.

¡Piedad y amor para la arena salobre,
para la arena sin memoria del desierto;
piedad para esta hermana a cuya lengua no dejan
que pueda beber hasta hartarse!

Mediterráneo, 15-7-73

III

Hunde un niño sus manos en la arena,
apartándola para crear un hoyo.
Acude a la mar y saca el agua
para verterla cientos de veces
en el fondo del hueco...
Nunca se queda el agua allí y el niño
todavía no lo comprende.

Clavo un bastón de hierro entre la arena
que no lo mantiene, por profundo que sea
el agujero que hice...
Amontono la arena en torno suyo,
creo un monte alrededor, de arena.
Y el viento derrumba mi trabajo.
Nunca la arena es propicia fuerza.

Pero, ¡ah si el hoyo se traga a un hombre;
si al hombre en el hoyo lo cubre la arena,
y se amontona sobre su cuerpo,
tapándole los ojos, la nariz, la boca...!
No necesita retener el agua
ni oponerse al viento aunque sea leve,
para propagarse invadiendo al muerto.

Mediterráneo, 15-7-73

IV

Sombra del cuerpo debajo de la mar,
sombra tendida en la arena

sobre la que viene y se va, suavísima hoy.
Ángulo recto con el cuerpo emerso,
la sombra del cuerpo sumergido.
Si aquél permanece firme, esta
ondula, tembloteando entre las dulces olas
que resbalan encima sin quebrarla.
Lajas de aguas claras azules transparentan el sol,
multiplicándolo en inquietos pedazos.

Sobre la tierra bien se conocía compañera a la
sombra,
erguida seguidora o precediendo inalcanzable.
En la mar es la hora de encontrársela
como prematura ahogada...

Anuncio, presagio fúlgido acaso, o solamente
líquida memoria adherida a la arena
que no se la desprende...,
que la pone a flote cuando el cuerpo vivo
regresa, brevemente aún,
a su clamoroso origen salobre.

Mediterráneo, 19-7-73

V

Viéndola abstraída más que ausente,
encima acumulándole su arena,
abrumándola de arena,
fue la mar.

Codiciosa
derramose sobre ella,
rodeándola con furia que ponía a sus costados
arenales penachados por espumas de mareas.

Imposible rescatarla de toneladas de arena,
era inútil la rebusca de sus ojos,
estábamos ya perdiéndola
en la mar.

Arrastraba
aquel bulto atropellado de montaña,
salpicándolo de crestas luminosas,
vertiginosas lenguas de oleajes la sorbían.

Inexorablemente mar adentro la llevaban;
la engullían, tan pesada como era
de su arena. Y soltarla,
metiéndola en la mar.

Mediterráneo, 21-7-73

VI

El cuerpo vacío anda, el cuerpo aunque quieto anda
sobre los ramajes blancos en hierro en el blanco ardiente.

En esta abrupta distancia que es la árida meseta
escuecen entre las sienes turbias memorias del agua
y es lecho profundamente toda la mar de la arena.

El cuerpo va sin su cuerpo, sin su cuerpo el alma anda
desde la piedra más piedra que todas las piedras juntas,
a convertirse en arena que no queda nunca; escapa
porque la arena es la mar, y con el cuerpo retorna;
cabeza antigua parece recuperada del fondo
que irá acumulando arena para que el cuerpo repose.

Líquido fluir de arena desde su encierro en la mano;
fugitivas sus presencias amontonándola siempre.

Castilla, 17-9-73

HASTA QUE SE VIO POSARSE la mano en aquel cuerpo
desnudo,
resbalando despacio, detenida y
ardorosa,
tactando con los dedos llameantes
cada curva,
cada hendidura, cada línea firme y tersa
de aquel cuerpo,
no se supo, ¡oh, cómo saberlo de otro modo!,
el gozo,
la entrega unísona, jadeante desde dentro,
precipitada luego
en una mano abierta, posesiva abarcadora
de un desnudo absoluto,
de un cuerpo solitario entregado a quietud,
a la caricia dislocándose en rapto
de abrasiva toma de la carne muda
que se adivinaba anhelante bajo la palma de la mano,
recorriéndola con hambre contenida
y también con ternura,
porque abocándose la amante en su codicia
de casi tenue contacto
se propiciaba el volcán con sus lumbres que roen el cielo;
y era, sería
una silenciosa repetición de amor,
¡amor, amor, amor!,
para la amante, para el cuerpo,
para el estático desnudo,
para
el deseo jamás consumido,
acaso...

23-2-74

Entre la tierra y la luz, goteando el horizonte,
candentemente fluían, porque aceites derramados,
criaturas inesperadas
que nunca pisaron yerbas ni piedrecillas musgosas.
Prorrumpían en clamores,
avecinando relámpagos desflecándose de lavas,
refrenándole su hervor al mediodía:
palafreneros que impiden que se inicie un galopar.

Petrificante ola oscura, los desecados vivientes,
venid, allegaos, oxidad. ¡Tanto mortal humillado,
tantísima carne hendida!
¡Que advienen las codiciadas, las criaturas turbulentas!

Dormidos las anhelamos siglo por siglo sin colmo
para acceder en sus seres a lo que no imaginamos.
Apagarán las ciudades, liberándoles el agua
que migada en sucio gris se convirtió en edificios.

Pasarán resplandecientes sobre resinas, prendiéndolas;
gruesas cenizas de oro irán hincando sus teas.
Arrasadas avenidas exhalarán su mercurio
y todo se entramará en gruesa corriente híbrida.

¡Al mar, al mar, a la mar,
que levantarán en vuelo!

De los rayos paso haceos: van las hermosas criaturas
sembrando sobre la escoria
un hambre de eternidad.

2-3-74

Adolescentes

... Pero no saben nunca, no saben que trizan brasas sus pasos,
que de sus labios la noche precipita amaneceres;
que lágrimas duermen sus pechos cual a corzas inseguras,
tensos sus cuerpos recientes para romperse horizontes.
Miran de frente a los ojos, sobresaltando lagunas,
charcas o arroyos (la mar vive siempre en sobresalto);
preguntan, dicen, afirman porque todo lo desean,
catapultando la hoguera de respuestas que socarran.
Aún no tienen experiencia y se la inventan soberbios
cuando aquellos que los oyen se creen vueltos del infierno.
¡Oh cuánto duelen los brazos, impidiéndose estrujarlos,
enseñándoles la muerte que nunca llega a matar!
Sí que se acercan ofidios, lenguas bífidas que néctar
prometen a las heridas que los dientes infirieron;
pastan en prados de espaldas, en laderas de costados,
triscan sobre los hombros y la nuca, desangrándolos.
Aves son, como corderos y serpientes, y hasta peces,
encenagando al romper las aguas más reprimidas.
Dejarémosles fluir fingiéndose que son ríos.
Dejarémosles escapar imaginándolos águilas.
Somos nosotros en ellos, sorbimos sangres mellizas.
¡Toda la vida por ser otros ellos en nosotros!
(... Pero no saben nunca, no saben, que trizan sus pasos brasas).

Marzo 1974

Recuerdo de niña con paloma

En la palma de tu mano, que extendida
recoge luz del sol, una paloma
prisionera de su celo se alborota.
Dulcemente picotea entre sus dedos,
arrullándose a sí misma loca gira,
convirtiéndose en un ave ya redonda;
que tu mano es otra ella se imagina
y en las plumas de tus dedos se retoza.

25 mayo 1974

Cuando te siento
cabes como almendra en el puño de mi mano.
Cuando te pienso,
creces inabarcablemente en miríadas de formas.
No tienes nombre fuera de mí
y eres un nombre
que abarca todos los todos
del universo.

31-7-74

El agua hasta el pecho, el agua gruesa y verde
de la mar, y los brazos abiertos
con las manos extendidas, también abiertas
desesperadamente para
intentar que no se vaya la marea galopante
que deja seco el cuerpo en su espalda
mientras delante del pecho azotado
no es una son dos mil montañas
que se precipitan no se sabe por qué ni a dónde.
¡No te vayas, mar, mar mío del que nazco
a cada gota de mis venas;
no me dejes solitaria y pobre sin ti,
que es desgajarnos eternamente!

Huye amontonándose, creciéndose, sobreponiéndose
a cualesquiera voces del mundo.
Huye..., ¿o no estuvo nunca entre los brazos
mientras durara lo que existir se llama?

Oh, no estabas, mar; no estuviste, vida,
sueño de realidades imaginadas como presencia
absoluta y total de un océano.
Y, sin embargo, se permanece, se persiste, se agarra
una hasta a la misma huida precipitada
del oleaje brutal que no descansa, no nace ni se mueve, es
un agolparse de profundas derrotas que recibe el cuerpo
desmoronándose en ellas.

Dulce pensamiento malo, sediento afán de culminaciones
    bárbaras,
hunde en la cabeza su negro escurridizo pez...
El agua azul y verde y roja, violeta áspera

quebrándose en los hombros se apodera
del triste cuello roto, y sigue.

12-8-74

Vuelven los que se fueron.
Fugacísimo espacio
confluyen al que duerme y le muestran dichosa
juventud venturosa y permanente.
Ese *adiós* que no suena entre ningunos labios,
esa grácil figura que *resucita*
esta noche,
¿por qué y en este sueño?

17-8-74

PORQUE AÚN PUEDO HACERLO, ahora
quiero despedirme de la Vida;
de toda cuanta vida vivir no pude
tan arrebatamente como pudiera.
De los valles, de los montes, de las selvas
y de la mar.
                    De todas las mares del mundo.

De las criaturas que contemplé de lejos,
fuera de mí, en brazos de las otras
que no eran yo, que mías no fueron;
de inexcrutables desbordamientos de gozo
sin ninguna represa...
                                        Sin otro violento estallido
que el unísono entre aquellos
que muriéndose se aman para vivir de muerte.

De los hijos de los otros, de las semillas ávidas
que no me trajeron la dicha
porque a mí me creció en las entrañas
una hermosa verdad que ciega advino.

Sí. Quiero despedirme de la que fui, no siendo
toda la que soy y supe
al crecer hasta ti, que tampoco yo eres.

17-8-74

NO LLAMO LOS MÁS TRISTES
porque, ¿quién sabe cuánto
podré hacerlos más tarde...,
cuando venga otro tiempo?
Digo que son tristes los que llamo versos,
pues no supe otro nombre
cuando empezaba a hacerlos.

Y lo cierto es que los escribo
no pensando en lo que siento;
de ninguna nostalgia
vengo ni me desprendo.
Cojo la pluma y van fluyendo
sin ningún contenido
ni asentimiento.

Regreso de la inocencia
que no marchitó su acento,
a las horas desiertas
de los días exentos.
No pienso ni deseo; desligada contemplo
cómo se me van las noches
de mis ojos abiertos.

22-8-74

NOS VAMOS AL MAR.
Se nos anticipa el ánima
para irnos al mar.
Estamos pensando en las olas
alrededor de la espalda y el pecho,
crujiéndonos con su abrazo
que amenaza y promete la muerte...;

en abandonarnos, cerrando los ojos
para oírlo gemir pronunciando su nombre
a las criaturas que estruja;

en cortarlo en lentas
inexpertas brazadas,
mientras penetra en lo hondo, que duele
fresca insatisfecha herida.

Nos vamos en busca del mar.
Ardiente es la prisa por alcanzar su orilla
antes de que la sequen las hambres
del desearlo tanto.

24-8-74

En mitad de la tarde
alguien ha dicho este nombre.

Se mira cuanto palpita, y no hay nadie
que no sea la tarde en el campo.
Se escucha y no hay quien produzca
ninguna voz.

Y han llamado.
Han dicho eso..., el nombre.

Los árboles, no; tampoco la tierra.
Vuelan redondas cigüeñas calladas
y no reptan ni nadan ni corren
en torno nuestro.

Y, sin embargo,
dijeron, lo oímos, el nombre.

Los ojos aprietan su ser, y lo oscuro.
La tarde total en el absoluto campo.
Ni pasos ni roces, ningún ser alienta
sobre el mundo entero vivo.

Pero, llamaron. Sí.
Dijeron el nombre.

24-8-74

Incomprensible presencia de tantos pájaros
volando infatigables alrededor de lo quieto,
de lo pensativo, de lo ensimismado.

Imposible contemplar sus alucinados giros
por no se advierte qué, aunque se ahínque
toda la atención en ellos.

Son pájaros absurdos, aleteantes pájaros
que nadie ahuyenta, atrae...; aves
que nunca aquí volaron.

¿De dónde despegó su circular viaje,
y hasta cuándo girarán, tan ciegos
que no ven la tarde deshecha entre sus alas?

Van a quedarse siempre, no encuentran la salida.
Van a volar así hasta el final del mundo.
¿Quién empujó a venir, para quedársenos,
a estos pájaros mudos que no se posan nunca?

24-8-74

LAS VENTANAS ABIERTAS A LA NOCHE...,
los cuchillos afilados, las hachas;
los cristales quebrados...
El ruido minúsculo, ocultadizo, que repta
por medio de la oscuridad.
La voz que se oye sin escucharla
y que dice no se sabe qué.

Miedo.
Un tremendo gemir de las cosas
que no se manifiestan a la luz del día;
que no se conocen aún enemigas
y que azotan sigilosamente.
No moverse, resistir con los ojos abiertos
atropelladamente latiendo
con un corazón parado casi,
cuando alguien avanza poco a poco,
acercándose... ¡sin llegar todavía nunca!,
a c e r c á n d o s e...

25-8-74

ME GUSTA SU VOZ Y LA TEMO.
Porque golpea en misteriosas memorias
y en asfixiantes presentimientos.
No se dirige a mí, pero me sabe
alerta a su caer, gota cálida a gota,
mientras aprieto los labios para no quejarme
de tanto sentir cómo me hurga,
huye y despedaza.

No la quisiera cerca de mi cuerpo,
porque entonces se lanzarían a ella
esas criaturas inconfesables que llevo
aherrojadas en mis entrañas.
Quiero que brote lejos, casi cerca, pero lejos;
para dejarla azotarme fiera y dulce
sin que pueda alcanzarla en un haz
si mis brazos extiendo.

Me gusta su voz porque retiene brasas
y otoños que se precipitan hacia el mío,
sonriendo y clavando sus hojas
como si yo no existiera.

25-7-74

Volveré la espalda ante ella cuando la vea
para saberla allí a punto de ser mía,
y aplazándomela.
Quiero padecer su imaginado contacto,
negándomelo todavía un tiempo más.

Voy de la tierra áspera y soberbia,
del monte que parece esperar, pero engaña.
Y quiero tomar muy despacio
esa mar que contiene mi sed avarienta
con una pasión sin colmo.

Permaneceremos quietas, cerca y retenidas.
Cuando no pueda más y mi cuerpo trepide
de su voraz deseo, me dejaré caer
de espaldas también a ella:
para prolongar el sueño largamente vivido
de entregarme indefensa a la mar,
a la mar mía.

25-8-74

OLOR Y TACTO. MÚSICA LOS DOS.
Un oler suave que adelanta a quien lo lleva,
y tocar su presencia resonante en las manos.

Se completan y se prolongan
en una memoria larga y fina
cual un terrible cuchillo.

Y en la oscura sentencia del Tiempo,
se *oyen* ambos con todo el cuerpo.

25-8-74

Va el cuerpo, prisionero de sus ligaduras
blandas, viscosas y, sin embargo,
no resbaladizas, sino opresivas e indesligables,
rebelándose, revelándose cuerpo insumiso
contra el acoso a sus vertientes.
El cuerpo
asfixiado de sí mismo, queriendo quebrantar
el ramo de las ataduras.
El cuerpo
suspirándose libérrimo de su contenido
y, en impulsos, evadiéndose de su propio bulto,
que lo elevan y cristalizan.
El cuerpo,
amontonándose encima la mar.

Se puede caminar por ella;
es gruesa y compacta esta mar
en la que se mete el cuerpo quedamente
y aprende a mover su peso
con temerosa cautela... Quiere
deshacerse en el voluminoso líquido
sin dejarle mancha ni trazo ni espuma.
Incorporársele íntegro
quisiera el cuerpo.

Para nunca jamás las quemaduras,
la ruptura de frágiles frenos
que después su precisión recaban.
Para nunca jamás ese trallazo súbito
de la viva razón... El cuerpo
va adquiriendo su paz.
Solo es la mar, solo es la mar, solo es la mar.

Es ella la que devuelve al cuerpo
la inconsciencia que fue desvaneciéndose
arrebatada por labios, besos y palabras.
Dulcemente reasume
el largo viaje terrenal del cuerpo
y lo lava con silenciosa insistencia.

Atrás. A lo profundo del tiempo perdido,
tiernamente se vuelve; el arrullo
de la atroz inocencia
intenta recuperar al cuerpo.

¡No muerdas, como si reaparecieras hombre
o mujer, desatentadamente!
¡Apaga, disgrega, disuelve,
ácido de Dios, al cuerpo!

Nadie como tú, a nadie como a ti, como tú tomas
al cuerpo desmemoriante, nadie
tuvo ni tendrá semejante entrega. El viento
aprieta su collar de brisa al cuerpo...,
y es una simbiosis en plena vida
la que componiendo estáis.

Libre ya de sí y en el refugio esquivo
del pensamiento,
todo se deshace y todo se construye.
El cuerpo
ya no sufre sus manos ni ojos,
vaga
en los firmamentos del espejo fluido.
¡Ay de los recuerdos que agonizan,

del lúgubre canto de las madrugadas!
¡Líquido resbala entre la mar más suya
y olvida; por fin olvida
que hubo de ser para la tierra un cuerpo!
Solo en la mar, solo en la mar, solo en la mar
le es posible libertarse al cuerpo.

Mar Menor, 12-9-74

Apuntalada la sombra en el suelo,
rígidamente extendida,
danzar con alegría en torno suyo;
danzar como salvaje que recobra
el dominio de su comarca,
acribillada antes por voces impuras
creadas por la civilización.

¡Alegría de ver que a la sombra retienen
centenares de clavos profundos;
alegría!

Vienen y miran el suelo
con absorta expresión ignara...
¿Esta es una sombra que arrojara alguien
desde su cuerpo a la tierra...;
cómo puede vivir un ser cualquiera
sin llevarla pegada a su cuerpo?

Y se danza se danza, se salta
alrededor de la sombra sujeta,
de la prisionera sombra
que al cuerpo asfixió tanto tiempo.

¡Alegría de verla en el suelo
humillada y proscripta,
alegría!

Los hombres la miran, rodean:
¿para qué estará aquí?, se preguntan.
Mas, vienen mujeres curiosas
que anhelan su libertad, y gritan:

¡es una sombra que anclaron
porque nunca abandone su muelle,
y que el *otro* vaya
solitario a la mar, a las voces!
¡Ay, quién pudiere ser cuerpo
que no tiene su sombra sujeta!

Y se salta feliz, se hacen círculos
que a la sombra la encierran.
Y se grita con dicha explosiva
que ya nada la mueve, sujeta
a sus cientos de clavos agudos,
inmovilizándola.

¡Alegría de no tener sombra,
alegría de ser cuerpo libre
y en el sol no ser árbol redondo
con su sombra, su argolla,
en las ramas!

Mar Menor, 14-9-74

El *no* rodeado de piedras pulidas,
el *no* brotando de lo profundo del suelo;
el *no* como un cosmonauta perdiéndose
en espacio irreal, retornando.
Proliferando vegetaciones urbanas,
desmenuzándose en lluvias atómicas...
El *no,* criatura que no pierde un ápice
de su feroz poderío. El NO.

Atosigados lo asedian. Inútil.
Es todopoderoso; dispone de metralla
casi invisible, infinitesimal; el *no*
es un artillero capaz de hacer blanco
entre las pestañas de un niño.

Desesperados le gritan, cuentas le piden
por su inexorable persistencia.
En vano, todo es en vano. Para el *no*
invencible, todos los gritos son vanos
estremecimientos del aire.

Contemplado de lejos, un mundo
de misteriosa cohesión; un astro
de imposibles acosos. El *no* es un ente
que sustituye al Creador y persiste.

Mar Menor, 15-9-74

V

UN MOMENTO EN MANHATTAN

Pugnantes vegetaciones
apretado bosque crean,
arquitecturas erectas
se propagan desde el suelo.
Estatuas son en creciente
que absorben luz y reparten
prismas de sombra, diedras
geometrías de cemento.
No es al vuelo a lo que invitan:
hincan su hambre de espacio
que devora a las criaturas
propagándoles su siembra.
Fuerza son, fuerza avarienta
de traspasar esa pulpa
gaseosa de los cielos...
Impertérritos gigantes.
Dedos que señalan ríos,
que descubren arboledas;
radios circunferenciales,
esferas de las miradas.
Algo hierve muy debajo
de vuestras basas metálicas
y os empuja perforando
la tierra vieja de pastos.
No abruman vuestras presencias,
esculturas sois del viento.
Trepamos vuestras entrañas
y nos parís al espacio.
Todo es fuerza que desata
la oscura raíz marina:
transatlánticos en pie
para acoso de los astros.

Cuánta remota presencia
aparejáis al que os mira
desde las frentes en falo
que en las entrañas rebuscan.
Sangre vuestra soy, subiéndoos;
voz otorgo a vuestra altura;
arriba os llevo mis ojos
para que me los pobléis.

PORQUE LA CIUDAD es una inmensa criatura.
Criatura que se revuelve, discurre, irrita, se amansa
con jadeante ajetreo.
No son hombres tan solo y ciudad:
sino piedra en la misma existencia:
ordenada a cordel y, hasta a veces,
dulcemente oblicua, tiernamente curva...

Palpita en cuanto se mueve. Ni esto ni aquello, es
junto y vivo todo como el valle y como el monte.
Unos ríos rectilíneos selvas de calles son estos
ríos de las casas...,
que casas no son, sí fraguas para el cristal y el cemento.

Callan, sí, los rascacielos; no contestan a los hombres
por cuya protesta existen.
Mas no los penséis ajenos o indiferentes: un todo
diseminado o en haz, una formación armónica
para la pujante isla.
Tendones, músculos, nervios de hierro domado tienen
estas criaturas extrañas que participan del hombre
sus roncos ciegos furores.

Reptando soterrada advino urente inquietud incesante
de poder alzarlos donde soportaran los cimientos.
Corrientes oscuras eran de basálticos estratos
las ansias de acontecer por entre socavaduras,
desde la pulpa volcánica.

Igual que tallos feroces dejan raíces abajo
para romperle a la tierra su resistencia, emergen
hacia la luz y se cuajan para ella entre sus flores.

Frutos, no; que no dan frutos
estos del cemento seres.

¿Frutos, no...?

¿Acaso las extensiones que abajo vibran o aúllan
frutos no son que a los ojos se ceden para la altura?
Entera es la tierra el fruto, el que ellos señorean.
Ellos, sí; los rascacielos tienen floración abajo
y nuestras miradas caen por convulsionada ofrenda.

Asiento a tales atroces, conocerlos se incorpora
a la memoria de hallazgos, porque son más que materia:
son seres que se adelantan
preconizando el mañana.

Hubo de ser por un pueblo hecho con hombres venidos
de frustraciones remotas o conflictivas pasiones,
por quien irrumpieran casas prematuramente extrañas:
tumulto para el acoso que derribara al pasado.

Crecen edificios ciegos como algunos ruiseñores...,
pero no pueden cantar ni parpadean sus ventanas.
De las cuencas de los ríos y al calor de sus orillas
surgen sin poder volar.
Manhattan vive agrupado
en edificios-estatuas, afronta a la pedante erguida
con una antorcha en la mano.
Firme y compacta su proa, agudos prismas y dólmenes
a los que el agua duplica. Interminable teoría
no formada por doncellas.
No convivo con las calles ni con las gentes convivo
de esta compleja ciudad cuyo intenso suelo humano

a la claridad prorrumpe por sus fríos edificios.
Las más imponentes masas de planos disciplinados
hinchen una población que se completa a sí misma.

A todo creces opuesta, oh Manhattan, oh ciudad,
y sin que la luz te falte sin el descanso te aumentas.
Yo no intento compararte con Europa ni con Asia
cuando mis pasos transcurren por los cauces de tus calles.

Muchos vieron solo en ti cruento dolor y la rabia
rebotándote en el vientre... Confieso que reprimí
mis percepciones más blandas, para recibirte a ti,
ciudad recién aprendida.

Lejos, sí, de la armonía de aquellas viejas ciudades
que acumulan en su historia múltiples arquitecturas,
que son los estratos cultos de otros siglos ya fundidos.
Tú eres un magma ciclópeo, de los volcanes fluiste.
Desde arriba conseguí, crujiéndonos, abrazarte;
y te contemplo de lejos ya metida en tus imágenes,
y revierto a tu corriente.

Que no me reprochen, no, el no haberte conocido
en lo tuyo oscuro o turbio,
pues tú sola, geometría, a ti sola, espacio y aire,
he querido contemplar desde tu piso de acero.
Isla con esculturales presencias de inmensos dioses,
yo me gozo en proclamarte como arquitectura olímpica;
de este siglo Partenón, tus casas son cariátides.

No sé si regresaré (Florencia, Constantinopla,
Atenas, Venecia o Roma...) al Manhattan prodigioso
de las líneas colosales.

(¡Oh México, nunca a ti quisiera yo el olvidarte!).
Isla-Faro tú, Manhattan, desde esta mi tierra antigua
yo te pienso y te recuerdo, te re-miro contra el cielo.

Confieso que no busqué a la gente amontonada,
porque ya la conocía; miraba solo tu altura;
tus casas, premonición de ignorados continentes.

Hija de líneas redondas, prisionera fui del círculo;
y ahora tú, con verticales que consumen el espacio,
aconteces materiales que apenas usados, usaste.
Desafiante al recuerdo que obligar tu ser pudiera
a repetir el camino..., estas formas que dictaste
harto expresándote están.

Y,
¿NO piensas tú, Manhattan
(no piensas, lo sé; lo he visto
que careces ya de tiempo
para pensar), que tu ansia
de conseguir el espacio
cada día más te aleja
de tu origen...?

Las manos que te crearon
manos de los hombres son,
que ni ves tú desde arriba.
Esclavos tuyos inermes
se lo sacrifican todo
a tu verticalidad: por dentro
causan y curan heridas
que te infiere el uso duro.

¿Qué decides desde arriba:
aprisionar a los astros
valiéndote de los hombres
que se pudren y sollozan,
amargos desesperados...?

Mortal orgullo, Manhattan.
Soberbio serás todo, altivo
siempre pugnando del suelo
que avariento se le agarra
a tus raíces de hierro.
Porque sujeto te tienen
aunque subas sin descanso.

New York, 14 junio 1974

ÍNDICE

IV. En esta hora del mundo

V. Un momento en Manhattan

Este libro se terminó de editar en Granada
en mayo de 2025 por

www.aversopoesia.com
hola@aversopoesia.com